DON BOSCO
VERLAG

Elli Michler

Im Vertrauen zu dir

Gedichte über die Liebe

Don Bosco Verlag

CIP-Titelaufnahme der Deutschen Bibliothek

Michler, Elli:
Im Vertrauen zu dir: Gedichte über die Liebe / Elli Michler. —
1. Aufl. — München: Don-Bosco-Verlag, 1990
    ISBN 3-7698-0646-8

1. Auflage 1990 / ISBN 3-7698-0646-8
© by Don Bosco Verlag, München
Fotos: Barbara Michler, Heilbronn
Lithos: Schuch & Hack Repro-GmbH, München
Satz: Salesianer-Druckerei, Ensdorf/Opf.
Druck und Bindearbeiten:
Buchdruckerei Gebr. Bremberger, München

Inhaltsverzeichnis

5

Einführung

Das Tempo, mit dem unsere Zeit alles um uns herum und schließlich auch uns selbst verändert, macht uns ruhe- und heimatlos. Ein gefährlicher Rausch der Machbarkeit und der Ansprüche wie auch die Härte des Konkurrenzkampfes lassen die Menschlichkeit nicht selten auf der Strecke bleiben. Wir haben den Kopf über das Herz gestellt und dabei unsere Wurzeln verloren.

Für unser Halt-Suchen, für unsere Sehnsucht nach Dauer im Wechsel gibt es nur einen Ausweg, für den uns die vorliegenden Texte die Richtung weisen möchten: Es ist die Rückbesinnung auf die Kräfte unseres Herzens, auf Liebe und Vertrauen.

Ohne Vertrauen sind wir ohne Geborgenheit, ohne Zuversicht, ohne Freude am Dasein. Daher brauchen wir das Vertrauen zu uns selbst, Vertrauen zum Du, zu Gott, zu unseren Mitmenschen, zum Leben. Vor allem aber brauchen wir Vertrauen als die wesentlichste Voraussetzung der Liebe.

Wo wir lieben dürfen, haben wir den Sinn unseres Lebens gefunden, und wo wir geliebt werden, sind wir gefeit gegen die schwersten Lebenskrisen, gegen Einsamkeit und Verzweiflung, sind wir nie ohne Trost und Hoffnung.

Die Liebe zwischen Mann und Frau ist in unserer Gegenwart durch vielfältige Probleme belastet. Nicht nur die oft mißverstandene Selbstverwirklichung hat viel Unheil angerichtet; hinter den sogenannten „Beziehungen" der heutigen Zeit verstecken sich oft Selbstbezogenheit und egoistisches Denken, Angst vor Enttäuschung, vor Zerstörung des Vertrauens, fehlender Mut zum Risiko einer festen Bindung.

In dieser Situation wollen uns die Texte des ersten Teils dieser Gedichtsammlung Mut machen zur freiwilligen, vorbehaltlosen Hingabe, zum Wagnis des Herzens.

Die Verse des zweiten Teils geben Zeugnis davon, was zu allen Zeiten des Menschen tiefste Sehnsucht war: lieben zu dürfen und geliebt zu werden. Gleichzeitig offenbaren sie auf poetische Weise das Wesen der Liebe, die alle unsere menschlichen Handlungen beeinflußt.

In einer Zeit der Umwertung, in der selbst die Liebe in Frage gestellt, ungläubig belächelt oder gar als Anspruch mißverstanden wird, können uns diese Texte auch eine Warnung sein: Der Verlust unserer Liebesfähigkeit wäre das Schlimmste, was uns passieren könnte.

Die Gedichte wollen daher verstanden sein als ein Bekenntnis zum Glauben an die Liebe.

E. M.

1. Wagnis des Herzens

Pfeil und Bogen

Laß mich der Bogen sein,
du bist der Pfeil.
Holt uns die Trennung ein,
trügt nur der Schein.

Keinen von uns
läßt Entfernung verwaist,
bleibt doch ein jeder
des anderen Teil:

Seele und Geist
eng zusammengeschweißt,
so wie die Einheit
von Bogen und Pfeil.

Ich finde mich in dir

Ich trage deine Gedanken in mir
und wiege sie sanft wie ein Kind.
Daraus wächst und entwickelt sich unser Wir,
das uns traumhaft und selig umspinnt.

Mit deinen Augen betrachte ich staunend das Meer,
mit deinen Ohren lausch' ich dem Wind.
Und mit all meinen Sinnen spür ich so sehr,
daß ich ohne dich taub bin und blind.

Ich taste mich mit deinen Händen zum Licht.
Mit deinen Füßen gelingt es mir, Wege zu wagen.
Und im Spiegel erkenne ich, daß mein Gesicht
und das deine gemeinsame Züge tragen.

Fügung

Seit Anbeginn hat unsrer Liebe
ein Gott geheimen Weg gebahnt,
der uns entgegenführt dem Ziele,
das wir im Traum vorausgeahnt.

Und auf dein Haupt und meines
hat er die Hand gelegt,
daß nie zu weit sich eines
vom andern fortbewegt.

Er kennt mit unsren Schwächen
uns beide ganz genau.
Er hilft uns, aufzubrechen,
und spricht das Wort: Vertrau!

Wir zwei

Den Arm um deine Schulter legen
und deine Schritte hören
neben mir.
Nichts Äußeres ist mehr zugegen.
Nur du und ich,
gelöst im Wir.

Wir sind uns Baum und Blume,
wir sind uns Meilenstein,
wir sind uns Erdenkrume,
wir sind uns Brot und Wein.

Wir sind in uns geborgen,
hüllt uns der Abend ein,
und wissen jeden Morgen:
das Glück wird unser sein!

Seit ich dich liebe

Seit ich dich liebe,
verbergen sich nicht mehr im Rauschen
des Windes die Ängste von gestern.

Seit ich dich liebe,
vermag ich den Amseln zu lauschen
als meinen gefiederten Schwestern.

Seit ich dich liebe,
such' ich die Fehler und Schwächen
der Menschen neu zu verstehn, zu verzeihn.

Seit ich dich liebe,
beginnen die Brunnen zu sprechen,
Wärme entströmt selbst dem kalten Gestein.

Seit ich dich liebe,
spür' ich die Kraft, meine Arme zu heben,
bau' ich mein Haus nicht wie einst nur auf Sand.

Seit ich dich liebe,
seh' ich mich täglich von Wundern umgeben,
fühl' ich den Sternen mich nahe verwandt.

Bevor es dich gab

Bevor es dich gab,
war ein Turm nur ein Turm,
ohne den Ton seiner Glocken.
Bevor es dich gab,
war der Schnee nur der Schnee,
ohne das Spiel seiner Flocken.
Bevor es dich gab,
war mein Haus nur ein Haus,
ohne Herd, ohne Licht,
und es fehlte dem Dach
noch die schützende Schicht.
Bevor es dich gab,
wuchsen Ängste zuhauf
und verfolgten mich
jäh in den Träumen.
Doch seit es dich gab,
ging der Himmel mir auf,
und Früchte wuchsen an Bäumen.

Liebeserklärung

Ich liebe dich,
liebe dich,
dich und nur dich.
Ich wiederhole mich nicht.
Es ist jedesmal neu,
jedesmal anders,
stärker, tiefer,
bunter, schöner,
wirklicher, unwirklicher,
wie ich dich liebe.

Innige Verbundenheit

Will ich eine Tat vollbringen,
ob sie groß ist oder klein,
besser wird sie mir gelingen
durch dein Beimirsein.

Will ich die Geduld verlieren,
bringst du wieder mich zur Ruh.
Soll mein Leben funktionieren,
brauch ich dich dazu.

Will ich traurig sein und weinen,
brauch ich deinen Trost.
Und beim Trinken brauch ich einen,
der mir zunickt und sagt: Prost!

Will ich Lust und Freude teilen,
brauch ich dein Umfangen.
Alle meine Sorgen heilen
zärtlich deine Wangen.

Will ich mich zur Ruhe legen,
wenn der Schlaf mich übermannt,
bist du neben mir zugegen,
brauch ich nichts als deine Hand.

Ich möcht mit dir...

Ich möcht noch viele Gipfel mit dir stürmen,
beim schönsten Ausblick neben dir verweilen.
In fremden Städten aufschaun zu den Türmen
und dann zu Haus das Fernweh mit dir teilen.

Ich möcht noch oft mit dir durch einen alten Kreuz-
gang gehn,
möcht vor Gemälden mich an deine Seite stellen.
Und Glanz und Lichter strahlen sehn
mit dir auf Festen und auf Bällen.

Ich möcht noch viele Lieder mit dir singen,
möcht Orgeln spielen hörn mit dir in Kathedralen.
Und einig sein mit dir in allen Dingen,
mit dir noch Schlösser in die Lüfte malen.

Noch viele Sonnenuntergänge möcht ich sehn mit dir.
Und lang noch an der gleichen Sehnsucht leiden,
es gäb für uns ein Wiedersehn
auf fremden Sternen, wenn wir scheiden.

Gewißheit

Seit ich weiß,
ich gehöre zu dir,
sind die Rosen nicht mehr aus Papier,
ist das Glück nicht mehr Glas,
wächst aus Steinen selbst Gras,
sind die Zweifel zerstreut,
kümmert's mich keinen Deut,
was des Tages Begier,
wird die Pflicht mir zur Kür,
sing ich Gott Lob und Preis,
seit ich weiß:
Du und ich,
das sind WIR .

Wandlung

Mitten in unseren kosmischen Welten
waren wir Staubkorn, jeder allein.
Seit wir einander uns zugesellten,
so wie der Brunnen seinem Gestein,
dürfen wir einer dem andern entgelten
höchste Entfaltung durch liebendes Sein.

An den Gestaden des Meeres

Der Wind trägt ihn mir zu,
die Sonne brennt ihn
in meine Haut,
das Wasser sprüht ihn
mit tausend glitzernden Perlen
über meinen Körper,
aus Wolken regnet es ihn auf mich herab,
die Möwen kreisen ihn ein
in den Lüften,
mein Finger schreibt ihn
in den Sand,
und der Leuchtturm zielt ihn
mit jedem Lichtstrahl
mitten in mein Herz:
deinen Namen, Geliebter,
das unauslöschliche Signal
für die Richtung meines Lebens.

Versicherung

Wenn meine Liebe sich mehrend verzweigt,
so wie die Krone des Baumes
rings in die Weite des Himmels aufsteigt
nach allen vier Seiten des Raumes,

brauchst du nicht, Liebste, getäuscht nur vom Schein,
um den Bestand meiner Liebe zu bangen:
Ständig bis tief in die Wurzeln hinein
lebt sie von deinem Umfangen.

Weil sie das Wachsen und Blühen nur schafft
so wie das Treiben im Blattwerk des Baumes
durch seines Stammes ernährende Kraft,
bleibst du das leuchtende Bild ihres Traumes.

Rosenstrauch

Des Sommers Hauch ließ voll erblühn
die Rose unsrer Liebe.
Der Strauch blieb auch im Herbst noch grün
und zeigte neue Triebe.

Es quoll der Duft noch süßer gar,
als wir ihn je empfanden,
hielt uns geheim und wunderbar
in seinen alten Banden.

Des Rosenstrauches stille Kraft,
sie wird so lange walten,
bis wir den Weg vereint geschafft,
den liebend wir gestalten.

Glücklich am Ziel

Der Zug meines Lebens
blieb treu in der Spur
und hatte von allem Anfang an nur
seine vorgegebene Richtung genommen.
Zuerst wußte ich nicht:
Warum trägt er mich fort?
Aber jetzt, da ich weiß,
ich bin angekommen
an meinem ureignen Bestimmungsort,
setz' ich den Fuß in ein lichtes Gefilde
und möchte nun nie mehr zurück,
nachdem mir die Liebe das Rätsel enthüllte,
wie Dasein verklärt wird durch Glück.

Liebesbrief

Ich schreib' dir einen Liebesbrief,
nicht das, was *alle* schreiben,
vielleicht wie heut ihr Tag verlief
und was sie tun und treiben.

Ich schreib' von meinem Liebestraum:
Du gingst mit mir spazieren.
Der Buchfink hoch im Apfelbaum
fing an zu jubilieren.

Ich sagte dir: Ich liebe dich.
Du wolltest's erst nicht hören.
Doch plötzlich, da verstandst du mich
und ließest es mich schwören.

Jetzt weiß ich, Liebste, wirklich nicht,
ob ich noch träume oder wache.
Fast scheint es mir bei Tageslicht,
das sei dieselbe Sache.

Ich grüße dich mit tausend Küssen,
wenn du erlaubst, noch mehr.
Laß mich die Antwort recht bald wissen,
ich bitte dich recht sehr!

Übereinstimmung

Wie sind wir uns doch eng verwandt,
getragen von dem gleichen Geiste,
als ob ein Stern, für uns entbrannt,
still unsern Bund umkreiste.

Das Lebenslied im Zweigesang
ist dir und mir erklungen,
von gleichem Rhythmus, gleichem Klang
von Anfang an durchdrungen.

Wie blieben wir so wundersam
vermählt dem gleichen Streben,
und keiner war dem andern gram
in seinem ganzen Leben.

Am Ende reicht dann oft ein Blick
schon fürs Zusammenpassen
als Widerschein von jenem Glück,
das Gott hat wachsen lassen.

Für Ute und Baldur Seifert

Guter Rat

Liebe mich nicht
wie die Biene den Honigseim!
Ich müßte dich ewig betrügen.
Ich will, anstatt eingesogen zu sein,
lieber frei mit dir fliegen.

Liebe mich nicht
wie die Katze die Maus!
Das hieße, mit mir nur zu spielen.
Es wär' für die Liebe das sichere Aus.
So springt man nicht um mit Gefühlen.

Liebe mich nicht
wie das Holz seinen Leim,
denn Liebe nimmt Schaden durch Zwänge.
Viel lieber wollte ich einsam sein
als in gemeinsamer Enge.

Sinnlose Freuden

Was nützt mich das Geld, um zu reisen,
wenn *du* mein Gefährte nicht bist,
was nützt mich in Freundeskreisen
ein Lob, das das *deine* nicht ist?

Was nützt mich die schönste Sonate,
die abends alleine ich hör,
was nützt mich ein Huhn, das ich brate,
wenn ich es mit *dir* nicht verzehr?

Was nützt mich das beste Theater,
wenn *du* nicht mit mir drüber lachst,
was nützt mich ein Gang durch den Prater,
wenn *du* nicht den Anführer machst?

Was nützt's, wenn ich Schönes erlebe
und es zieht nicht auch *dich* in den Bann,
wenn ich abends mein Glas still erhebe
und ich nicht mit *dir* anstoßen kann?

Gemeinsames Leben

Im Suchen und im Finden
sind unsren Zielen wir zu zweit
und im gemeinsamen Empfinden
gefolgt. So gab ich dir, so gabst du mir Geleit.

Du trugst mir die Laterne,
zu sichern unsern Pfad,
und holtest dennoch gerne
dir auch bei mir oft Rat.

Ich wehrte jedem Unkraut
vor unsrer Liebe Haus;
bevor es wuchern konnte,
zog ich's mit Eifer aus.

Und blieb der Mut mir ferne,
so hast du mich gestützt,
vertrauend jenem Sterne,
der Liebende beschützt.

Du ließest nie beirren
von meinen Zweifeln dich,
und aus der Ängste Wirren
kam Rettung dir durch mich.

Für so viel Licht und Wärme
und gnädiges Geschick,
solang ich lebe, lerne
zu danken ich für Glück.

Vorbild

Ein Baum lebt dort mit einem andern
ganz wie ein Liebespaar:
die zarten Zweige wandern
wie Finger durch des andern Haar.

Beim Ineinanderwachsen
sind sich die beiden gut,
treibt ihre Lebensachsen
der gleiche starke Mut.

Gemeinsam so zu grünen,
in Blüt und Frucht zu stehn:
Wenn wir uns auch erkühnen –
wir können's nie so schön.

Ein kleines Stück Weg

Ein kleines Stück Weg
bleibt uns beiden zu gehn.
Bald wird sich der Herbstwind verschärfen.
Und einer von uns wird am Wasser stehn
und den Enten die Bissen zuwerfen.

Ein kleines Stück Weg –
und es wird uns geschehn,
wie es vielen vor uns schon ergangen.
Und einer von uns wird am Fenster stehn,
in Gedanken zum andern gelangen.

Ein kleines Stück Weg –
wenn die Spuren verwehn,
dann soll es uns nicht betrüben.
Wir durften den Weg doch gemeinsam gehn,
und es war uns vergönnt, uns zu lieben.

2. Vom Wesen der Liebe

Vom Wesen der Liebe

Liebe schließt jegliches Wachsen und Blühen
in ihre Kräfte mit ein.
Sie entflammt oder birgt in beständigem Glühen
das Geheimnis für alles Verbundensein.

Liebe umfaßt alles Lachen und Weinen,
regiert so die Nacht und den Tag.
Sie sucht zu bejahen, anstatt zu verneinen,
gibt neuen Impuls jedem Stundenschlag.

Liebe bewegt uns, die Flügel zu heben,
beharrt auf der Kraft der Geduld,
verwandelt, erzeugt und gebiert unser Leben.
Liebe vergibt alle Schuld.

Liebe bedeutet ein freies Sich-Binden,
nicht mit gefesselter Hand,
sondern durch gleiches, geteiltes Empfinden
dem anderen zugewandt.

Liebe sucht täglich sich neu zu bewähren
in ihrer Beschaffenheit.
Wie wäre dies Wunder wohl je zu erklären
durch alle Gelehrsamkeit?

Notwendige Voraussetzung

Die richtige Enscheidung fällen,
den Hund verstehen durch sein Bellen,
ein Kind beruhigen, das weint,
bejahen, was dir gut erscheint,
sich fröhlich widmen seinem Tun,
nach jedem Tagwerk dankbar ruhn,
des Kranken helfend sich erbarmen,
im Glücklichsein die Welt umarmen,
vom Freunde hoffen, daß er bliebe:
Dies alles kannst du niemals
ohne Liebe.

Der Anfang einer Liebe

gleicht der Geburt eines Wunders.
Es ist das bis dahin unvorstellbare,
von höchsten Hoffnungen erfüllte,
uns aus den Angeln reißende,
herrliche und nie wiederholbare,
Herz und Verstand überflutende,
uns stürmisch bedrängende
und dennoch uns leise
und zärtlich berührende
Geschehnis in unserem Innern.

Warnung

Denkst du, das Glück
wird im Sturme erreicht?
Glaube nur nicht,
die Liebe sei leicht!

Glaube nur nicht,
die Liebe sei ohne Gefahr!
Mag sein, daß sie falsch ist,
mag sein, sie ist wahr.

Wem du auch Liebe erweist,
ohne Einsatz darfst du's nicht wagen.
Es gibt nur Verlust zu beklagen,
wenn du das Risiko scheust.

Suchst du nur Freuden, weichst du den Leiden
der Liebe geflissentlich aus,
hast du ein lautes, ein lärmendes,
aber kein wirklich erwärmendes Haus.

Das Gesicht der Liebe

Liebe: Dein Gesicht
ist gezeichnet von Schatten und Licht,
vom Erlebnis der glücklichen Stunden.
Es gibt Zeugnis von Sehnsucht, Enttäuschung, Verzicht,
von den Narben erlittener Wunden.

Liebe: Dein Gesicht
ist geprägt von der Hoffnung der Welt,
deinen Augen entsprühen oft Funken.
Solange das herrliche Spiel dir gefällt,
machst du die Menschen trunken.

Liebe: Dein Gesicht
spiegelt nicht nur viel Kummer und Gram,
auch den Mut zum Kämpfen und Streiten.
Und ein seliges Lächeln, voll Stolz und voll Scham,
verschönt es seit ewigen Zeiten.

Verlangen nach Harmonie

Wir wählen im Leben
zu oft den Konflikt
und wundern uns,
daß uns so vieles mißglückt,

obgleich uns vom Glück
viel mehr übrig bliebe,
entschieden wir uns
für die Wege der Liebe.

Wir tun so, als gäb' es nur Konfrontation,
und werfen uns Sand ins Getriebe.
So ernten wir dann den verdienten Lohn:
Wir hungern und dürsten nach Liebe.

Den Palmzweig im Schnabel der Friedenstaube,
den sich die Hoffnung erdenkt,
laß ihn der Zwistigkeit niemals zum Raube,
wenn ihn die Liebe dir schenkt!

Laßt uns doch wieder lieben lernen

Laßt uns doch wieder lieben lernen!
Von jenen Fähigkeiten haben wir genug,
die uns nur allzu leicht entfernen
von unserm innersten Bezug.

Das Denken kann zwar Macht entfalten,
dem Fühlen bringt's jedoch Gefahr.
Es darf der Kopf nur mitgestalten,
was auch vom Herzen wahrnehmbar.

Laßt uns doch wieder lieben lernen,
damit sich unsre Wurzeln senken
als Halt in einen festen Grund.
Wir sollten lernen, umzudenken.
Die Abkehr von dem Nur-Modernen
macht uns vielleicht schon bald gesund.

Gegensätzliches

Liebe hat den schwersten Stand,
ist nicht zu beneiden.
Haß zieht herrisch durch das Land.
Sie muß dienen, dulden, leiden.
Haß wird in die Luft geschossen,
laut und lärmend darf er sein.
Liebe hält den Mund verschlossen
still in ihrem Kämmerlein.
Haß macht alles gleich zum Schrott,
was ihm auch begegnet.
Liebe aber ward von Gott
tausendmal gesegnet.

Vergebung

Wir wollten uns nicht wehe tun –
und haben's doch getan.
Kein Mensch ist gegen Schuld immun.
Sie wirft uns schnell aus unsrer Bahn.

Das Wort „Vergebung" fällt uns schwer
für unsre Fehler, unsre Schwächen.
Und dennoch heilt es hinterher,
was wir oft leichten Sinns zerbrechen.

Vergebung reicht – der Liebe gleich –
den Leidenden die Hand,
erlöst von Schuld und schreibt zugleich
die Fehler in den Sand.

Und alles, was mit ihm verfliegt
– sogar geheim gebliebne Tränen –,
beweist, daß Liebe selbst *dort* siegt,
wo wir uns schuldig wähnen.

Wenn du nicht lieben kannst

Wenn du nicht lieben kannst,
bist du tief zu bedauern.
Wenn du nicht lieben kannst,
weinen die Himmel und trauern.
Wenn du nicht lieben kannst,
liegt es nicht am Begreifen:
Liebe erfährt man durch Wachsen und Reifen.
Sich-beugen in Demut, das führt zu ihr hin.
Liebe sucht niemals nach eignem Gewinn.
Gehe hinaus zu den Hirten
und lausche den Flöten.
Vielleicht läßt dich Gott
als den einsam Verirrten
den Tempel der Liebe betreten.

Ungenügend

Weil es eine Beziehung ist,
ist es noch lange keine Liebe.
Weil es ein Gedanke ist,
ist es noch lange kein Gefühl.
Weil du erstmals hast geküßt,
rede nicht im großen Stil,
daß du weißt, was Liebe ist.
Dazu fehlt ja noch so viel.
Weißt du, wann du Meister bist
in der Kunst der Liebe?
Erst wenn du dich selbst vergißt!
Doch bis dahin: übe!

Wo die Liebe wohnt

Weißt du, wo die Liebe wohnt?
Nicht in jenem Garten,
der vom Unheil bleibt verschont,
wo nur Rosen auf uns warten.

Weißt du, wo die Liebe wohnt?
Nicht in den Gefilden,
wo bestraft wird und belohnt,
wo sich Wünsche schnell erfüllten.

Liebe wohnt an jenen Orten,
wo die Wege steinig sind.
Findet zu des Himmels Pforten
mit Geduld durchs Labyrinth.

Lebt sie doch zumeist im stillen,
oft genug ganz unerkannt,
vom Verzicht, vom guten Willen,
wo man ihr ein Zelt gespannt.

Liebe ist keine Legende

Liebe ist Zwiegespräch oder Schweigen
beim Nebeneinandergehn.
Liebe ist Gipfel-Ersteigen
und Stürme-gemeinsam-Bestehn.

Liebe ist Mauern-Durchdringen,
Durchmessen von Tiefen und Höhn.
Liebe ist sanftes Bezwingen,
ist Helfen, Verzeihen, Verstehn.

Liebe ist keine Legende,
wenn es auch manchmal so scheint.
Liebe ist Anfang und Ende.
Jeder von uns ist gemeint.

Bekanntmachung

„Im Hause der Liebe sind alle geborgen!"
Ein Satz, der auf Liebe noch Hoffnungen setzt.
Warum ist dies Haus nicht auf Dauer besetzt
als Heimstatt für Not und für menschliche Sorgen?

Wird denn sein schützendes Dach nicht geschätzt?
Darf man den Raum hier verschwenden?
Ist denn das Haus nicht instandgesetzt?
Fehlt es an helfenden Händen

oder an Mut gar vor Hindernissen?
Gleichgültig, wie dem auch sei, –
hiermit gebe ich kund und zu wissen:
Im Hause der Liebe sind Wohnungen frei!

Positive Anzeichen

Beim Gang durch die Straßen, da nahm ich gewahr
manch innig umschlungen sich liebendes Paar.

Dann sah ich die Frau, wie sie kaufte den Strauß.
Sie fuhr mit dem Bus bis zum Waldkrankenhaus.

Im Park auf der Bank saß ein älterer Mann,
der den Kopf seines Hundes zu streicheln begann.

Ein Gärtner zog Blumen in Gleichmut und Ruh'
und sprach mit den Pflanzen, als hörten sie zu.

Ein weinendes Kind lief der Mutter entgegen.
Sie konnt'es umarmend zum Stillsein bewegen.

Ein Knabe kam heim, in Latein eine Vier.
Der Vater sprach: „Junge, wir halten zu dir!"

Ein Freund schrieb dem Freunde den tröstenden Brief.
Die Sonne liebkoste die Katze, die schlief.

Und ich dachte: Bestimmt wird die Welt wieder heil,
wenn nur die Liebe noch leistet ihr Teil!

Himmlische Speise

Liebe nennt sich jene Speise,
die die Seele nährt und tränkt.
Erstmals wird sie zum Beweise
dir als leichte Kost geschenkt.

Wer auf den Geschmack gekommen,
dem wird Wein dazu gereicht.
Wer Glück hat, wird ein Mahl bekommen,
dem an Köstlichem nichts gleicht.

Willst du das Rezept besitzen
jener Speise, mild und zart,
mußt du dich vor allem schützen
vor der falschen Köchin Art.

Prüfen mußt du und vergleichen,
was dir schmeckt und was dir frommt.
Nimm es als das beste Zeichen,
wenn die Wahl von Herzen kommt.

Liebe: wunderbare Speise,
die das Leben uns versüßt.
Wichtig ist, auf welche Weise
und mit wem du sie genießt.

Sonderbarer Zustand

Willst du den ganzen Tag lachen und singen,
schaust du beim Gärtner nach Rosen aus?
Suchst du vor Glück an die Decke zu springen,
hältst du's am Ende vor Sehnsucht nicht aus?

Fragst du den Postboten täglich nach Briefen,
wartest du ständig aufs Telefon?
Machst du dich schön, dich am Spiegel zu prüfen,
denkst du nur noch an die eine Person?

Läuft dir ein Frösteln oft über den Rücken,
ist dir auch gleichzeitig heiß?
Ach, dieser Zustand hat seine Tücken!
Du bist verliebt, ja, ich weiß.

Glaubensbekenntnis

Ich glaube, daß Liebe Unmögliches schafft.
Ich glaube an ihre unendliche Kraft.
Ich glaube, solange die Erde besteht,
daß niemals ein Tag ohne Liebe vergeht.
Ich glaube, daß selbst noch die unheile Welt
bisweilen aus Liebe den Atem anhält.
Ich glaube, daß Liebe uns retten könnte,
wenn Einsamkeit droht und Gefahr.
Ich glaube, daß jeder nach Liebe sich sehnte,
spräche er ehrlich und wahr.
Ich glaube, daß Liebe ganz leise und sacht
schon mancherlei Wunder hat heimlich vollbracht.
Ich glaube, daß Liebe die Wege findet,
welche wir suchen in Not.
Ich glaube, daß Liebe die Wunden verbindet
und uns ernährt – mehr als Brot.
Ich glaube, daß Liebe noch glaubwürdig ist,
selbst wenn du lächelst und zweiflerisch bist.
Ich glaube, daß Gott alle Sünden vergibt,
wenn er nur weiß, du hast wirklich geliebt.

Wichtige Investition

Wir glauben, das Glück
schon in den Scheunen zu haben,
wenn wir auf Nährboden stoßen
unter den brachgelegenen Feldern
unserer Gefühle.
Doch bis zum Fruchtbarwerden
gilt es, zu pflügen
und Unkraut zu jäten
und Samen zu legen —
immer wieder aufs neue.
Was uns dann keimt, blüht
und Ernte einbringt:
alles erschuf nur die Liebe.

Im Namen der Liebe

Jeder Augenblick,
in welchem
menschliche Schwierigkeiten und Schwächen,
Konflikte und Ängste
sich aufzulösen beginnen
in wiedergewonnene Harmonie,
vollzieht diese Wandlung
im Namen der Liebe.

Jeder Augenblick,
in welchem
bedrückendes Gefangensein
in ein Gefühl von Freiheit
sich umzukehren beginnt,
versprüht einen Funken des Lichts,
das die Freude am Dasein ausmacht,
im Namen der Liebe.

Versäumnis

Wer glaubt, weil er den Sinn vermißt,
das Leben sei verlorne Mühe,
der ist nicht nur kein rechter Christ,
er urteilt viel zu frühe.

In seinen liebeleeren Jahren,
da er noch nicht die wahre Quelle
des Lebensglücks an sich erfahren,
steht er vielleicht noch an der falschen Stelle.

Ihm fehlt die wunderbare Sicht,
die's nur von jenem Blickpunkt gibt,
der unser Leben taucht in Licht:
von einem Herzen aus, das liebt.

Der Abendstern

Laßt mich am Himmel die Venus preisen!
Sie kennt das Geheimnis der Liebe.
Von jeher war sie
der Blicke aller Getrennten
heimlicher Treffpunkt:
der Sehnsüchte, die auf den Meeren
der Einsamkeit treiben,
ewiger Blickfang,
zu sammeln die Seufzer der Nacht.
Stern, um den Träumen
als Fluchtort zu bleiben,
für die Verliebten gemacht.
Tröstendes Licht aus umrätselter Ferne,
Ruhe gewährender,
Hoffnungen nährender
Stern aller Sterne,
der über die Liebenden wacht.

Verdientes Glück

Es gibt nicht nur die Liebe auf den ersten Blick,
das große Wunder aus den Sternen,
es gibt auch Liebe als Gesellenstück;
man muß die Meisterschaft erst lernen.
Es lohnt sich, daß man sich um sie bemüht,
sie hegt und pflegt und wachsen läßt.
Und wenn sie wie ein Baum erblüht,
der dicht verzweigt ist im Geäst,
dann krönt ein Gott ihr schönes Haupt
für den, der stets an sie geglaubt.

Wunder der Liebe

Die Liebe ist ein göttlicher Gedanke,
den wir mit unseren Menschenherzen,
mit unseren Menschenhänden
und all unseren menschlichen Möglichkeiten
verwirklichen dürfen.
Wie aber soll unser Menschenverstand
je dieses Wunder begreifen:
Eine göttliche Saat
kann durch menschliches Wirken reifen!

Wo du geliebt wirst...

Wo du geliebt wirst,
kannst du getrost alle Masken ablegen,
darfst du dich frei und ganz offen bewegen.
Wo du geliebt wirst,
zählst du nicht nur als Artist,
wo du geliebt wirst,
darfst du so sein, wie du bist.
Wo du geliebt wirst,
mußt du nicht immer nur lachen,
darfst du es wagen, auch traurig zu sein.
Wo du geliebt wirst,
darfst du auch Fehler machen
und du bist trotzdem nicht häßlich und klein.
Wo du geliebt wirst,
darfst du auch Schwächen zeigen
oder den fehlenden Mut,
brauchst du die Ängste nicht zu verschweigen,
wie das der Furchtsame tut.
Wo du geliebt wirst,
darfst du auch Sehnsüchte haben,
manchmal ein Träumender sein,
und für Versäumnisse, fehlende Gaben
räumt man dir mildernde Umstände ein.
Wo du geliebt wirst,
brauchst du nicht ständig zu fragen
nach dem vermeintlichen Preis.
Du wirst von der Liebe getragen,
wenn auch unmerklich und leis.

Wegweisung

Liebe ist der rote Faden,
der sich durch dein Leben zieht.
Rechts und links von der Geraden
ist nicht wichtig, was geschieht.

Mußt nicht zweifeln, nicht erschrecken,
schwanken nicht auf schmalem Steg!
Deine Ziele abzustecken,
weist die Liebe dir den Weg,

führt dich schützend durch Arkaden,
selig durch den Rosenhag,
abzuwenden jeden Schaden,
den die Seele treffen mag,

die verarmt und liebeleer,
ohne jenen roten Faden,
sehnsuchtsvoll und traumbeladen
irrt im Nirgendwo umher.

Vom geheimen Ursprung der Liebe

Wenn auch die schönsten Lieder von ihr singen,
bleibt dennoch ewig ungesagt:
Was bringt den Ton in uns zum Schwingen
für das Gefühl, das jedes andre überragt?

Was Liebe ist, darf sich entspinnen,
sobald uns Nähe widerfährt.
Aus Neigung mag sie zart beginnen.
Durch Dauer wächst sie erst an Wert.

Was Liebe ist, vielleicht nur Traum und Sehnen,
vielleicht das Suchen, ruhelos, nach Sinn,
führt jene, die am Ziel sich wähnen,
nur stets zu neuen Rätseln hin.

Seit unsren ersten Lebenstagen,
da wir dem Licht uns zugekehrt,
läßt sie empfinden uns und sanft ertragen,
was uns beglückt, was uns beschwert.

Die Liebe läßt uns Feste feiern,
verlangt uns Tränen ab als bittren Zoll.
Wohl niemals werden wir entschleiern,
woher sie kommt — geheimnisvoll.

Zeit des Lebens – Zeit der Liebe

Von Anbeginn bis hin zum Tod
ist deine Zeit die Zeit zum Lieben:
So reich ist Gottes Angebot.
Er läßt dir Zeit, dich einzuüben.

Dein Glück vom Maß der Liebe abzulesen,
steht ganz bei dir allein.
Das Schicksal treibt mit dir sein Wesen,
doch liebend wirst du Sieger sein.

Was dir zum Schluß steht gutgeschrieben,
was dich aus deiner Schuld befreit:
War deine Zeit die Zeit zum Lieben,
dann bleibt sie Teil der Ewigkeit.

Liebeserklärung an das Leben

Ich liebe den Morgen, den dämmernden Tag,
in den Bäumen das Summen und Rauschen.
Ich liebe die Kraft und den Hammerschlag,
ich liebe es, Amseln zu lauschen.

Ich liebe den Kampf mit dem schützenden Schild,
ich liebe das Tätig-sich-Regen.
Ich liebe des blühenden Gartens Bild,
ich liebe den Herbst voller Segen.

Ich liebe den Schreibtisch, die alte Vitrine,
ich liebe die Katze, ich liebe den Hund.
Ich liebe der Nachbarin freundliche Miene.
Ich liebe die Sonne, sie hält mich gesund.

Ich liebe die Hoffnung, sie leitet mich an,
daß täglich von neuem ich lieben kann.
Ich liebe die Erde, bin gerne ihr Kind,
ich liebe die Luft und den flüsternden Wind.

Ich lieb' deine Augen, ich lieb' deinen Mund.
Ich liebe in all meinem Streben:
Es bietet das Leben mir tausendmal Grund,
am Mantel der Liebe zu weben.